未来遇见最好的自己

危险没什么了不起

DO NOT BE AFRAID OF DANGER

安全

燕子 主编

哈尔滨工业大学出版社
HARBIN INSTITUTE OF TECHNOLOGY PRESS

图书在版编目(CIP)数据

危险没什么了不起：安全.1 / 燕子主编. — 哈尔滨：哈尔滨工业大学出版社，2015.6
（未来遇见最好的自己）
ISBN 978-7-5603-5352-4

Ⅰ. ①危… Ⅱ. ①燕… Ⅲ. ①安全教育 – 少儿读物 Ⅳ. ①X956–49

中国版本图书馆CIP数据核字（2015）第090671号

未来遇见最好的自己

危险没什么了不起：安全1

策划编辑	甄淼淼
责任编辑	甄淼淼　刘　瑶
文字编辑	葛文婷　苗　青
装帧设计	麦田图文
美术设计	Suvi zhao　蓝图
出版发行	哈尔滨工业大学出版社
社　　址	哈尔滨市南岗区复华四道街10号　邮编150006
传　　真	0451-86414049
网　　址	http://hitpress.hit.edu.cn
印　　刷	牡丹江邮电印务有限公司
开　　本	889mm×1194mm 1/32　印张 4　字数 60千字
版　　次	2015年6月第1版　2015年6月第1次印刷
书　　号	ISBN 978-7-5603-5352-4
定　　价	16.80元

（如因印装质量问题影响阅读，我社负责调换）

前言

你是天不怕、地不怕的捣蛋鬼吗？如果是的话，那我就要恭喜你了，你来对了，本书完全是为你量身定做的。

当你听到陌生人的谎言比蜜还甜时，当你被免费的馅饼砸晕时，你却不知道美丽谎言和馅饼背后隐藏的危险！

生活有时候要比夜空中绽放的烟花还要美丽，有时候又像个坏小子忍不住想要捉弄你一番……

危险如同炸药，只要一根火柴便可引爆，它可能把你变成一堆烤肉，变成乌黑发亮的煤球，把你炸得比魔鬼还难看，就算你的眼泪流成河，也救不了你自己，但愿你没有把炸药当成老鼠尾巴踩上一脚。

本书愿成为你最忠实的朋友，陪你欣赏最为美丽的烟花，陪你驾着小舟到生活的海洋中乘风破浪。

在这里我们要感谢曹庆文、钱宏伟、杨福军、李玉梅、张庆亮、张晓丽、史艳双和万杰等多位少儿专家的参与及支持。

Contents

陌生人来敲门 /6

被狗咬伤了 /9

外面刮起了大风 /12

阳台上也有危险 /15

下雪天隐藏的危险 /18

电闪雷鸣过后 /21

我触电了 /24

一起来放风筝 /28

剪刀剪到手了 /31

文具也有危险 /34

交朋友要谨慎 /37

课间活动守秩序 /40

有人打架了 /43

上厕所要小心 /46

发大水了 /50

吃药可不是小事 /53

手被开水烫了 /56

碎玻璃的隐患 /59

户外锻炼要注意 /62

不要玩打火机 /65

爬树好危险 /68

骑车撞到人 /72

不适合自己的书籍 /75

郊游大发现 /78

安全使用电冰箱 /81

公共汽车上的争吵 /84

马蜂窝不能捅 /87

氢气球会爆炸 /90

乘地铁注意安全 /94

马路上危险多 /97

玩轮滑的注意事项 /100

游戏厅危险多 /103

游泳馆里的安全 /106

远离建筑工地 /109

废弃工厂危险多 /112

信号灯的含义 /116

高压设备莫靠近 /119

远离电焊 /122

灭火器不是玩具 /125

Danger

陌生人来敲门

爸爸、妈妈去上班了,东东正在写作业,突然听到"咚咚咚"的敲门声。东东大声问:"谁呀?""我是你爸爸的朋友,有份文件要给他,孩子开下门好吗?"门外传来一个陌生男子的声音。此时的东东犹豫了。如果你是东东,你会怎么做呢?

1 佳佳:"不认识的人,不能给开门!"

2 小北:"既然是爸爸的朋友,应该把门打开让他进来。"

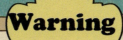

Warning

小朋友听我说

所谓"陌生人"就是不认识、没见过或不熟悉的人。对于这类人,我们要提高警惕。那么东东独自在家,遇到陌生人敲门,他该怎么办呢?

❶ "陌生人"的欺骗手段:他们一般会自称是你父母的朋友、同事或小区物业、收费人员等哄骗你开门,从而实施抢劫等行为;他们也会出现在校园门口谎称接你去见父母,或用食物、玩具引诱你,从而达到拐骗的目的。

❷ 遇到陌生人敲门时,该如何应对?①父母外出时,检查防盗门是否锁好。②听见有人敲门,不作任何应答或假装喊爸爸、妈妈,把坏人吓跑。也可隔门询问对方的名字,打电话给父母进行身份确认。③如果遇到歹徒企图撬门入室,要赶紧给父母打电话,及时拨打110报警,用力敲墙或是朝窗外大声呼救,寻求邻居或路人的帮助。

东东小朋友,这回你知道该怎么做了吧!

佳佳做得不错,赞一个!👍小北要提高警惕,相信以后你会做得很好!🙂

做任务

家长需要帮助孩子提高对"陌生人"的防范意识,并正确引导孩子与"陌生人"相处。

任务1 讲一些关于陌生人拐卖儿童的案例,让孩子了解陌生人诱骗儿童的手段和受骗儿童的悲惨下场,教育孩子不能轻信陌生人的话,不能接受或索要陌生人给的物品,公共场所不要离开父母的视线等。

任务2 在帮助孩子提高防范意识的同时,家长也要教他们如何辨别好人与坏人,不要让孩子误认为所有的"陌生人"都是坏人,减少孩子内心的恐慌感,让孩子以乐观积极的心态正确与人交往。

任务3 通过做游戏考验孩子应对突发问题的能力。可以找一个孩子不认识的人来敲门,看看父母不在家,孩子会怎样处理?

Danger

被狗咬伤了

暑假到了,男男的爸爸、妈妈怕他一个人在家寂寞,便买了一只可爱的小狗送给他。男男高兴地抱着小狗又搂又亲,给它喂水喂食。可是一天,看似乖巧的小狗突然闹情绪了,咬伤了男男的手指。男男该如何处理伤口呢?

1 小西:"被小狗咬伤了,要赶紧去医院打狂犬疫苗。"

2 齐齐:"伤口这么小,没必要去医院,涂点药膏就行了。"

Warning

小朋友听我说

看似乖巧伶俐的狗狗突然莫名其妙地暴躁起来,咬伤了男男的手指,要知道伤口处理不好,是极易染上狂犬病,威胁生命安全的。

❶ 了解狂犬病的危害性:狂犬病是由狂犬病毒引起的人兽共患的急性传染病,又称疯狗病或恐水症。病死率几乎为百分之百。人如果被患了狂犬病的动物咬伤或抓伤后,就有可能患上狂犬病。症状为急躁不安,恐水、恐声、怕风、咽肌痉挛、瘫痪等。

❷ 被小猫、小狗咬伤了,应采取哪些措施呢?①清洗伤口:尽快把污血挤出来,用浓肥皂水冲洗,再用流动的清水冲洗伤口,擦干后用碘酒涂抹伤口。②注射狂犬疫苗:只要不伤及大血管,无需进行包扎,迅速去医院注射狂犬疫苗。首次注射疫苗的时间为被咬后的 24 小时内。

男男不必担心,按照上面的方法去做就可以了。

齐齐是个坚强的"小男子汉",被小狗咬伤,伤口虽小,也不能小视!按照急救方法做才安全。

做任务

请家长告诉孩子如何正确与宠物相处，才能更加有效地防止孩子被宠物抓伤或咬伤。

任务1 给宠物提供一个舒适干净的居住环境，定期清理宠物的排泄物，并经常给它洗澡；告诉孩子要与宠物保持一定距离，尤其不要和宠物同床而睡；宠物在吃东西时，不要去打扰，以免惹怒它，引发攻击性行为。

任务2 告诉孩子不要带宠物去公共场所，更不能乘公交车或出租车；遛狗要用链子拴好；要制止孩子挑逗宠物的行为，以免被宠物抓伤或咬伤。

任务3 喜欢动物是孩子的天性。很多孩子对科普类书籍特别感兴趣，家长可以让孩子多看一些关于动物的科普书籍，让孩子了解各种动物的生活习性，更好地保护自己，爱护小动物。

外面刮起了大风

凯文从图书馆出来，刚才原本晴朗的天气，突然变了脸，顿时昏天暗地，"呼呼呼"地刮起了大风，风力真不小，树木被风吹得左右摇晃，夹杂着沙尘，吹得凯文睁不开眼睛。凯文很害怕，不知道该怎么办？

1 乐乐避开大树快速朝家走去。

2 萱萱把衣服蒙在脑袋上，低头往家跑。

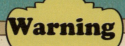

小朋友听我说

刮大风时,尽量待在家里。如果外出时,遇到了刮大风,怎样做才能保证安全呢?

❶ 要保持镇定,别慌张,赶紧回家或在就近的商场、超市等公共场所先避一避,等风小或风停了再走。

❷ 外出时,遇到刮大风,应该怎样做呢?①在路上行走时,避开树木、电线杆和广告牌,以防它们被大风吹断,砸伤自己。②也不要贴着楼边走,以免窗台上的重物被风刮下来砸到自己。③跑回家时,不要用衣服遮住脑袋,这样会辨别不清方向而撞到障碍物上,弄伤自己。④走路时尽量别张嘴,防止脏东西飞进嘴里。⑤回到家中,要将窗户关好。

凯文不要害怕,你只要按照上面的方法去做就能安全到家了。

萱萱很聪明,知道用衣服遮挡风沙,可是这样也挡住了视线,很容易撞到障碍物上摔倒受伤的。

做任务

家长可以将今天所学的知识进行延伸，给孩子简单讲讲什么是"龙卷风"以及它的危害性。

任务1 "龙卷风"是在不稳定天气情况下，大气中产生的最强烈的涡旋现象，常发生于夏季6~9月的中午或傍晚。

任务2 "龙卷风"所到之处，会把地面上的水、尘土、泥沙卷起，甚至可以拔树又倒屋，人、畜也会一并被卷起。找一些关于"龙卷风"的图片或科教片给孩子看。

任务3 教孩子一首《风级歌》：零级无风炊烟直；一级软风烟稍偏；二级微风树叶响；三级轻风树枝摇；四级和风灰尘飘；五级清风水波动；六级强风树直晃；七级疾风步履难；八级大风树枝断；九级烈风瓦片飞；十级狂风大树倒；十一级暴风陆少见；十二级飓风浪翻天。

阳台上也有危险

周末，小天正在家里写作业，突然听到外面传来小伙伴的叫声："小天，快下来！和我们一起踢球吧！"小天赶紧奔向阳台，急忙探出身子和伙伴们打招呼。想一想，小天的做法正确吗？

1 楼下真热闹，果果站在小板凳上好奇地探身往下看。

2 开心站在阳台伸伸腰，呼吸着新鲜的空气。

Warning

小朋友听我说

我们在阳台——这一狭窄的空间里可以做什么呢？在阳台活动应该注意哪些安全问题呢？

❶ 阳台主要是供居住者呼吸新鲜空气、观赏、纳凉、晾晒衣物、摆放盆栽的场所。

❷ 孩子在阳台上活动需要注意哪些问题呢？①不要在阳台上打闹、追逐或玩气球、水枪等危险游戏。②不要蹬踏板凳、花盆、箱子等不稳固物体，以免摔伤。③不要伸手够阳台外面的东西，以免身体失控，摔下楼去。④和楼下的小伙伴打招呼时，不要把身体探出阳台很多，防止因失去平衡，跌下楼去。⑤不要从阳台上往下扔东西，以免砸伤楼下的行人，破坏环境卫生。

小天和果果，危险动作不要做，下楼和小伙伴一起玩吧。

开心做得很好，☺ 不同地点做适合自己的事情才对。

做任务

近些年,发生了很多起儿童坠楼事件,面对这些,家长除了细心说教,还应采取哪些措施呢?

任务1 不论所居住的是否是高层楼房,都要给阳台、窗户(尤其是开放式阳台、飘窗)安装安全护栏或隐性防盗网。小一些的孩子在阳台玩耍时,家长一定要密切关注孩子的动向。

任务2 阳台上所摆放的花盆、晾衣竿等要放置妥当,不要把桌椅等摆放在阳台上,避免它们成为孩子攀爬的"帮凶";此外阳台不是储物间,不要随意堆放杂物,以免孩子碰倒伤到自己。

任务3 看一些关于儿童意外跌落的新闻报道,让孩子自己正视问题,加强自我保护意识。

下雪天隐藏的危险

下雪了,外面银装素裹,真美啊!文文披上外衣,就往外跑,妈妈看到了,急忙拦住她,并告诉文文,外面天冷路滑,不安全。可是文文很想出去。想一想,下雪天,文文可以做什么活动?需要注意些什么呢?

1 丫丫穿上厚厚的棉衣和棉鞋,戴上了帽子和手套。

2 晓旭帮助爸爸清扫院子里的雪。"

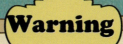

小朋友听我说

下雪天会给孩子们带来很多乐趣,但也存在很多安全隐患,那么哪些问题是需要我们注意的呢?

❶ 首先雪天外出时,一定要做好保暖措施。穿上棉衣,戴好帽子和手套,同时,雪天路滑,最好穿上鞋底防滑的棉鞋,以免滑倒摔伤。

❷ 雪天孩子们需要注意什么呢?①雪天路滑,小心慢走,千万不要在马路上打闹玩耍,不要离机动车太近,以免车辆躲闪不及,打滑撞伤自己。②可以在安全的地方滑雪、堆雪人、打雪仗,但建议孩子们尽量不要玩打雪仗,因为雪球里可能会含有小石头之类的东西,如果打在同伴的身上或脸上很危险。③天气很寒冷,不要长时间在户外玩耍,以免冻伤自己。

文文,快做好准备,叫上小伙伴们一起去雪地玩耍吧!

晓旭真棒! 小小年纪就能帮爸爸扫雪了!

做任务

今天的话题轻松有趣,都是和"雪"有关的,既能让孩子增长知识,又能达到很好的亲子互动效果。

任务1 欣赏美丽的雪景,和孩子一起在洁白的雪地上画画,激发孩子的想象力和创造力,增进亲子感情。

任务2 谚语说"瑞雪兆丰年",给孩子讲讲它的含义。"瑞雪"就是应时而下,雪量适中的雪。适量的雪能杀虫保温,又能提供庄稼水分,而不会压垮庄稼,因此称为丰年的预兆。

任务3 和孩子一起比赛,说说关于雪的诗句。如:
忽如一夜春风来,千树万树梨花开。(岑参《白雪歌送武判官归京》)
孤舟蓑笠翁,独钓寒江雪。(柳宗元《江雪》)

电闪雷鸣过后

放学回家的路上,天气突变,"轰隆隆""轰隆隆",一阵响雷过后,下起了大雨。小杰加快步伐往家跑去,可是雨实在太大了,小杰心想:得找个地方暂时避避雨。那么他应该在哪里躲雨呢?

1 安安在屋檐下躲雨。

2 跳跳在树下躲雨。

Warning

小朋友听我说

遇到雷雨天,我们应该去哪里避雨呢?

❶ 不能躲雨的危险环境:①开阔场地,如运动场、停车场等;②孤立的大树下、电线杆、高塔、广告牌等;③孤立突出的高处,如山顶;④室外水面或水陆交界处,如游泳池、河边;⑤无防雷装置保护的建筑,如帐篷等临时遮蔽处;⑥室外铁栅栏、铁轨附近等;⑦非金属的车顶或敞开式的车辆、船只。

❷ 可以躲雨的安全环境:①有合格防雷装置保护的住宅或其他建筑物。②地下隐蔽处,如地下停车场。③有金属车顶和车身的车辆,如轿车、公共汽车。④附近有建筑物遮蔽的城市街道。⑤金属壳体的船舶。

小杰,上面介绍的内容,都记住了吗?找一个安全的地方先避避雨吧。

跳跳,潮湿的树木会导电,快离开,否则会遭遇雷击,危害生命的。

做任务

除了知道选择安全的地方避雨,孩子还应该注意哪些呢?家长可以从室外和室内两个方面告诉孩子。

任务1 室外:下雨路滑,要小心慢走,以防滑倒;不要把雨伞当成"武器"玩耍打闹;不要让雨伞遮住视线;对突如其来的雷电,要立即下蹲降低自己的高度,并将双脚并拢,减少电压带来的危害;公交车上遇到闪电打雷,不可将头伸出窗外看。

任务2 室内:打雷闪电时,关好门窗;不要接打电话;要关掉电视、电脑等的电源插头,以防伤人或损伤电器;不要接触一切金属管线,如水管、暖气管等。

任务3 孩子们见过雨后的彩虹吗?让孩子试着画一幅彩虹图,并告诉孩子不经历风雨,就不会有绚丽的彩虹,激励他们努力上进,克服困难,才会有收获。

Danger

我触电了

小风吃过饭,着急去看电视。他匆匆洗了洗手,还没来得及擦干,就用湿手去触碰电源开关。小风的做法正确吗?有关电的安全常识你知道多少?

1 兵兵用小木棍去捅电源。

2 吉吉在看电视时用手触摸屏幕。

3 娜娜看到小伙伴要爬电线杆,急忙上前制止。

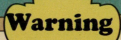

小朋友听我说

现代生活离不开电,但电存在很多危险性,使用不当,会有触电的危险。怎样安全用电呢?

❶ 电作为一种重要的能源,它的作用非常大,例如:交通、取暖、照明、电视、电话、电影、无线电广播等等都离不开电。

❷ 电的用途很广,但如果使用不当,也会发生触电的危险。我们要牢记以下几点:①在室外玩耍时,不要攀爬电线杆,遇到垂在半空的电线要绕行。②不要在电线上晾晒衣物。③雷雨天,不要在大树下避雨。④在没有切断电源的情况下,不要试图修理电器或触碰电脑、电视屏幕。⑤不要用手指、小刀或笔等捅电源插座。⑥不能用湿手直接碰触电源开关或插座。以上行为都会发生触电事故,用电一定要小心谨慎!

小风、兵兵和吉吉的做法都很危险,上面讲的注意事项你们一定要牢记哦!

向娜娜提出表扬,😊她用自己知道的安全常识主动帮助了小伙伴。

做任务

日常生活中,我们怎样做到节约用电、环保生活呢?

任务1 引导孩子想象一下,如果我们的生活没有了电,会怎样?夜幕降临,人们只能用蜡烛来照明,电视、电脑、手机、电话……都不能用了。让孩子知道电对人类生活的重要性。

任务2 节约用电从点滴做起:养成随手关灯的好习惯;电脑、电视不用的时候要彻底关掉电源,拔下插头;白天能做完的事情,尽量白天完成,否则晚上熬夜既费电,又影响身体健康;选用节能环保的灯泡或电器等。

任务3 把星期天作为家庭节电环保日,如在一个小时内,不去看电视、电脑,不打游戏,不玩手机……家长和孩子一起看书、做游戏或进行户外运动等,放松心情,增进亲子感情,做到节约用电人人有责。

警察叔叔来帮忙 一起做游戏 Game

适合年龄 6~8岁

推荐指数 ★★★★

游戏人数 爸爸扮演警察，孩子扮演迷路的小朋友。

操作方法 孩子迷路了，找不到家，求助警察叔叔帮忙。

❶ 警察询问孩子的姓名和年龄，孩子回答。

❷ 警察询问孩子父母的姓名、手机号码、工作单位，孩子回答。

❸ 警察询问孩子家庭地址及附近环境特点，孩子回答。

❹ 最后警察根据孩子提供的信息，送孩子回家。

❺ 孩子向警察叔叔表示感谢，警察叔叔夸奖孩子聪明勇敢。

游戏目的 通过轻松的游戏方式，让孩子更牢固地记住父母姓名、家庭住址、电话号码以及所在小区周围的环境特点等，提高孩子的安全意识。

能力训练 有助于提高孩子的记忆力。

特别提示 如果孩子的表现不理想，没关系，给孩子一个拥抱，一句鼓励；在日常生活中，以聊天谈心的方式，进行记忆训练。

Danger

一起来放风筝

今天天气真不错,笑笑想约几个小伙伴一起放风筝,可是去哪里玩呢?看看下面的小朋友都去哪里放风筝?他们选择的地点安全吗?

1 华华和小伟去天台放风筝。

2 云云和涵涵去广场放风筝。

Warning

小朋友听我说

放风筝是一项很有趣的户外活动,那么放风筝需要注意哪些安全问题呢?

❶ 首先选好放风筝的地点:要选择地面宽阔、平坦的地方,如广场、野外空地处等;不要到车辆来往频繁的地方放风筝;不要到池塘边放风筝,以免不慎落水;不要到楼顶上去放风筝,楼顶面积小,万一从楼顶跌落,后果不堪设想。

❷ 放风筝时,还需注意哪些安全问题?①根据自身情况选择风筝大小,如果风筝太大,在放飞过程中就可能出现摔倒等意外伤害。②观察周围是否有电线,防止风筝与电线接触引发触电事故。③放风筝要长时间仰头,根据身体情况调节放风筝的时间长短。④风筝挂在树上或电线杆上,千万不能爬上去取。

笑笑,选择好放风筝的地点了吗?

华华和小伟赶快下来,天台窄小,护栏低,很危险的!

做任务

简单说说放风筝的起源,说说放风筝有哪些益处。

任务1 放风筝是汉族民间传统游戏之一,清明节节日习俗。风筝又称风琴、纸鸢。起源于中国,是一种古代汉族劳动人民发明的通信工具。第一个风筝是鲁班用竹子做的。

任务2 放风筝的好处:舒展筋骨,锻炼身体;放松心情,缓解学习压力;保护和增强视力,防治近视眼等;治疗颈椎病,改善血液循环。总之放风筝不仅可以怡情养性,还可以强身健体。

任务3 家长和孩子一起学习制作风筝,不仅可以增进与孩子的感情交流,还可以锻炼孩子的动手能力,增强他们与人合作、沟通的能力。自己动手制作风筝一定是个很有趣的过程!

剪刀剪到手了

Danger

浩浩可喜欢上剪纸课了,今天老师教他们剪小红花,浩浩学得很认真,剪了一朵又一朵。他越剪越好,也越剪越快,结果一不小心剪到手指,流血了。剪纸课很有意思,但是怎样使用剪刀才安全呢?

1 贝贝拿着剪刀跑来跑去。

2 小川拿着剪刀和小伙伴玩耍。

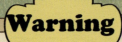

Warning

小朋友听我说

孩子们都喜欢手工课,对手工制作都很感兴趣,那么如何安全使用剪刀呢?

❶ 选择剪刀:不要使用锋利尖头的剪刀,应该用钝口圆头的儿童专用剪刀,以免使用不当,剪伤或扎伤自己或别人。

❷ 如何正确使用剪刀?①使用剪刀时要集中注意力,不要边剪边玩,不要速度过快,以免剪到手指。②手中拿着剪刀不要在别人面前乱晃,也不要拿着剪刀到处跑,更不能拿着剪刀和小伙伴们打闹,这样都有可能给自己和别人带来伤害。③用完剪刀,一定要把它放在安全的地方,口朝下插入整理袋或是将剪刀头朝里放入抽屉。

浩浩快把伤口包扎好,记得下次剪纸时要注意安全哦!

贝贝和小川,你们的做法太危险!剪刀是有趣的工具,但同时也是尖利的"凶器"。

做任务

您的孩子会正确使用剪刀吗?剪刀都有哪些用途呢?

任务1 正确使用剪刀:告诉孩子把右手的拇指放进剪刀一侧手柄,用食指和中指同时放入剪刀另一侧手柄,把剪刀的尖朝前,剪刀立起来,从身体开始向前方剪,不要横着剪,以防剪到左手或扎到身体其他部位。

任务2 让孩子想一想剪刀有什么用途,在学习实践中锻炼孩子的观察能力。问答过程中,家长可以对剪刀的用途进行补充,如花匠用它来修剪枝叶,医生用它来手术等等,加深印象,丰富头脑。

任务3 知道"剪刀手"吗?就是将手的食指和中指竖起来同时分开。它代表胜利,也是现在照相中惯用的手势。那么在孩子眼中的"剪刀手"代表什么含义呢?

文具也有危险

妈妈给晨晨买了一块卡通形状的橡皮,晨晨特别喜欢。橡皮闻起来香香的,晨晨爱不释手,忍不住想"尝一尝"。晨晨的做法对吗?香香的橡皮能"吃"吗?你知道怎样正确使用文具吗?

1 君君拿着尺子和伙伴打闹。

2 硕硕拿着铅笔跑。

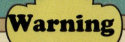

Warning

小朋友听我说

铅笔、橡皮、尺子……这些文具是我们学习的好帮手,那么你知道如何安全使用文具吗?

❶ 孩子们平时接触到的文具都有哪些呢?最常见的有:铅笔、粉笔、钢笔、圆珠笔、橡皮、小刀、直尺、三角尺、圆规、胶水、订书器等等。

❷ 如何正确使用文具呢?①不要把铅笔、小刀等尖头或刀刃一端对着同学,不拿它们随意乱跑,以免扎到自己或他人,用完后要将它们保管好。②不要拿着尺子打闹,尺子折断后很容易扎伤自己或扎到他人。③不要咬橡皮、铅笔等文具,因为它们上面有细菌和甲醛等有毒物质,不利于身心健康。④用完文具后,要将它们整理放好,以防损坏或丢失。

晨晨,橡皮有毒不能吃,不要被它"香香"的外表所迷惑哦!

淘气的君君和硕硕,尺子和铅笔是学习用具,可不能用来玩耍!

做任务

家长如何帮助孩子挑选安全合格的文具？如何引导孩子文明使用文具呢？

任务1 选择物美价廉的文具：购买文具认准"GB"字样；尽量购买颜色浅，无香味、无刺激气味的文具；不要购买过分玩具化的文具，以免分散孩子的注意力；此外，要在正规的商场、超市、文具店购买文具用品。

任务2 教育孩子不攀比、不浪费、不损坏、不丢弃，文明使用文具。让孩子和文具做朋友，文具是孩子学习的好帮手；知道文具是家长工作赚钱换来的，让孩子爱惜文具，懂得父母的辛苦。请孩子讲讲怎样爱惜文具？

任务3 组织文具用品猜谜游戏，增强家庭成员之间的互动性。

例如：老大说话先摘帽，老二说话先挨刀，老三说话要喝水，老四说话雪花飘。（打四种文具）

Danger

交朋友要谨慎

小帅最近交了一些新"朋友",但是他却很烦恼。这些新"朋友"不懂礼貌、欺负小动物、随意践踏草坪、抢别人的玩具玩……小帅觉得不好,可是他该怎么办呢?

1 "朋友"唆使帆帆从家里偷钱。

2 小涛在游戏厅新认识了一位叔叔,并和他成为好朋友。

Warning

小朋友听我说

你知道怎样预防结交危险"朋友"吗?一旦交上了不良"朋友",又该怎么办呢?

❶ 交友要谨慎。不要和陌生的大人交朋友,以免上当受骗;千万不要把刚结识的人领到家里来玩,因为你不了解他,万一他是坏人,就会对你和你的家人构成威胁。

❷ 交上了不良"朋友"该怎么办呢?①及时停止你们的"友谊",如果他们对你纠缠不休,一定要第一时间通知父母或老师,请他们帮你解决问题。②不要听从他们唆使去做坏事,如偷取他人东西,殴打辱骂他人,破坏公共设施等等,这些都是违法行为,一定要远离这些不良"朋友"。

小帅你是个好孩子,快将自己的烦恼告诉老师和父母,寻求他们的帮助吧。

帆帆,唆使你去做坏事的朋友,一定不是好朋友!不要继续和他做朋友!

做任务

家长如何帮助孩子更好地避免结交"不良"朋友呢?

任务1 提早给孩子打好"预防针"。所谓"近朱者赤,近墨者黑",对小孩子尤其适用。孩子年纪小,是非辨别不强,家长要告诉孩子选择朋友一定要选择真诚、善良、品行端正的人。

任务2 给孩子提供一个最安全、温暖的家。鼓励孩子参加课外活动,学习一些技能,如足球、绘画、声乐、朗诵等,孩子有了能一起分享兴趣的伙伴,就不会结交"不良"的伙伴了。

任务3 家长要成为孩子最好的朋友。凡事多站在孩子的立场上考虑,多与孩子进行沟通,和他一起分享快乐,分享感受。同时也要和孩子的朋友交朋友,了解孩子所思所想,和他一起面对成长中出现的各种问题。

Danger

课间活动守秩序

铃声响了,下课时间到了!同学们一窝蜂地向教室外面冲去,大家你推我一下,我挤你一下,结果有的同学撞到了墙,有的同学摔倒在地上……你知道课间活动应该遵守哪些秩序吗?

1 操场上同学多,小智跑得太快,摔倒了。

2 老师讲台上的尺子被叮当随便拿来玩。

3 涵涵和同学玩滑梯互相谦让,不争抢。

Warning

小朋友听我说

课间活动是同学们都很期待的,但你知道下课时需要注意哪些安全问题吗?

❶ 建议同学们下课时,不要坐在自己的座位上不动,要到外面呼吸一下新鲜的空气,舒展一下筋骨,适当做些运动,这样能更好地缓解疲劳,以饱满的精神投入到下一轮的学习中。

❷ 课间活动需要注意哪些安全问题呢?①下课时不要急着往外跑,教室门口拥挤时,同学之间应自觉避让,以免发生碰撞或摔倒。②下课时楼道和楼梯处也会十分拥挤,不可以快跑、打闹、互相推搡,以免跌倒受伤,此外上下楼一定要右侧通行。③如果选择在室内活动,不要拿讲台上的粉笔、尺子、板擦等教学用品来玩耍,以免伤害自己或他人,也不要在室内追逐玩耍。

下课时,学会"先慢""先行""先停",做到文明礼让,才能更快更安全地出行。

涵涵在玩滑梯时,懂得谦让同学,提出表扬哦!

做任务

"玩"是孩子的天性,孩子的课间活动怎样"玩"才是最好的呢?

任务1 家长在与孩子轻松的聊天中,询问孩子是否喜欢课间活动?都喜欢玩些什么?也想想自己小时候课间活动都做过的游戏,如跳房子、木头人、丢沙包、猜拳跨大步等,和孩子一起分享游戏,分享快乐。

任务2 让孩子自己说说,课间活动时自己和他人的表现,自己认为哪些做得对,哪些做得不好,家长进行补充说明,进一步让孩子懂得遵守课间秩序的重要性。

任务3 教孩子一首《课间守秩序》的儿歌:
下课出门不慌乱,老师辛苦请先行;
不挤不推别快跑,排好顺序依次走;
课间活动真有趣,丰富多彩欢乐多;
遵守秩序讲规则,文明礼让要记牢。

Danger

有人打架了

鹏鹏不小心踩了林林一脚,林林一生气,也狠狠踩了鹏鹏一脚。两个人都气得火冒三丈,互相扭打在一起。老师知道了,批评教育了他们,告诉他们同学之间要友爱,不要打架。

1 看到同学打架,丁丁赶紧上前去劝阻。

2 小辉正在写字,小宇不小心碰到了小辉的桌子,小辉生气地打了小宇。

Warning

小朋友听我说

同学之间有时会因小事发生争吵,可能还会动手打架。当你与同学发生小摩擦时,该怎样处理呢?

❶ 打架就是以伤害他人身体为目的的一种暴力倾向。不管打架的原因是什么,这种行为都是一种不理智、不文明的行为,情节严重的就是违法行为。我们要懂得爱惜自己,尊重别人。

❷ 与同学发生了小摩擦,应该怎么办呢?①在学校,我们应该团结同学,不要为了一点小事情就互相争吵,要学会宽容,懂得谅解。②与同学之间发生了矛盾,不要冲动,双方都要心平气和地进行沟通,退一步海阔天空。③矛盾解决不了时应该寻求老师帮助。打架不仅不能解决问题,相反还会使事态恶化,双方都会造成伤害。

鹏鹏和林林不要再为一点小别扭生气了,大度一些,握手言和吧!

小辉,拳头解决不了问题,小宇不是故意的,应该给他一个解释的机会。

做任务

如何帮助孩子学会正视矛盾？遇到其他同学或成年人打架时,孩子又该怎样做呢？

任务1 与人交往时,总会发生一些摩擦,不要因同学之间稍有一些不愉快就委屈得不得了,甚至断绝与同学的来往,把自己封闭起来。要知道同学之间的矛盾很多都是误会造成的。要学会大度和谦让,勇于承认错误,主动沟通,化解矛盾。

任务2 遇到其他同学或成年人打架时,应该怎么做呢？①看见打架不围观,以免误伤自己。②找老师或是警察来处理此事。③不要模仿成年人打架的动作。④不要起哄、鼓掌,这样会惹怒别人,同时也是一种不文明的行为。

任务3 同学之间的友谊是最纯洁的。鼓励孩子以日记的形式将与同学之间发生的事记录下来,多年以后将是一份美好的回忆。

Danger

上厕所要小心

下课铃一响,小安便冲出教室,急急忙忙向厕所跑去,由于厕所地滑,自己又跑得太快,一不小心摔倒了。你知道吗?上厕所也存在很多安全问题呢。

1 亮亮发现厕所地上有水,于是小心翼翼地走。

2 欢欢和小峰在厕所内打闹。

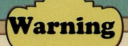

Warning

小朋友听我说

厕所是我们每天都要光顾的场所,你知道小小的厕所也存在很多危险吗?

❶ 上厕所的五个步骤:①将随身物品放在安全的地方,以免不小心掉进厕所。②如果想拉便便一定要带手纸。③看好男厕、女厕。④上完厕所要冲水。⑤离开前要洗手。

❷ 上厕所要注意哪些安全问题?①不要摸黑进厕所,以防摔倒。②不要在厕所打闹嬉戏,以免地滑摔倒。③使用蹲便,双脚应平稳地跨在便池两侧,站稳后再蹲下。④使用坐便,应尽量往前坐,身体前倾,双手扶好。⑤使用公共厕所的坐便时,最好在便池四周垫上卫生纸,以免皮肤接触到上面的病菌。

小安,快到厕所时,尽量放慢脚步,避免自己摔倒或不小心撞到其他同学。

欢欢和小峰,厕所空气不好,空间狭窄,可不适合玩耍哦!

做任务

孩子在家中上厕所时,会出现哪些特殊问题?家长怎样帮孩子改掉憋尿的坏习惯呢?

任务1 家中上厕所出现的特殊问题:①长时间久蹲(或坐),或玩手机、看书。②如厕后起身太快。③久憋尿后再排尿。④使用香水或空气清新剂清除厕所异味。以上行为会导致大人、孩子出现头晕、跌倒,昏厥等症状,严重的还会致癌。

任务2 孩子经常憋尿,会对神经系统和肾脏造成损伤。家长要告诉孩子在上课、游戏、睡觉前不要喝过多的水;下课、游戏结束后,或半夜,要提醒孩子及时排尿,逐渐养成良好的排尿习惯。

任务3 保持厕所卫生很重要。鼓励孩子做妈妈的小帮手,和妈妈一起清洁厕所。

考考你

适合年龄 7~10 岁
推荐指数 ★★★★
游戏人数 家长和孩子
操作方法 将事先准备好的物品拿给孩子看，让孩子用1分钟的时间记住它们，然后家长拿走物品，向孩子提问题，答对问题有奖励。

❶ 可将铅笔、玩具盒、圆规、橡皮、尺、苹果、小刀、涂改液、香蕉、圆珠笔、粉笔等放在桌子上，给孩子1分钟记住它们。

❷ 拿走物品，进行提问。让孩子想一想，桌子上都有什么物品。回答正确一个加1分，答错不扣分。

❸ 物品中哪些可以吃？

❹ 物品中哪些属于文具用品？

❺ 家长说一些文具用品的使用方法，让孩子判断是否正确，并说说为什么？

❻ 家长总结，并发放小奖品给孩子，以资鼓励。

游戏目的 汲取知识，让孩子学会分类归纳，并告诫孩子要安全使用文具、爱惜文具。

能力训练 培养孩子观察事物的能力，提升孩子的记忆力和思考力。

特别提示 邀请多个小朋友分组比赛，家长此时可以做主持人，回答方式可以是抢答，增加游戏的竞争性和趣味性；自由选择物品，问题可增加难度。

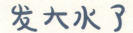

发大水了

暑假的一天,小斌洗完脸,没关水龙头便跑出去玩了。结果水溢到了地上,家具和地板都被水泡了。要知道用水不当,会给我们的生活带来很大的麻烦。

1 小义用完水及时关掉水龙头。

2 悠悠帮妈妈洗菜时用水一直冲。

3 小锐涂香皂时,暂时关掉了水龙头。

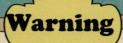

Warning

小朋友听我说

水是万物之源,但在日常生活中,如果不正当用水,又会给我们带来哪些安全问题呢?

❶ 水是在常温常压下无色无味的透明液体,被称为人类生命的源泉。水包括天然水(如河流、湖泊、大气水、海水、地下水等)、蒸馏水、人工制水。

❷ 用水不当,会产生哪些安全问题呢?①用完水后要关闭水龙头,以免水流四溢,导致家里的地板、家具等被水浸泡。②如果忘记关掉水龙头而使水流不停,可能导致积水过多,流到楼下,会给其他住户带来很多麻烦,并造成财产损失。③用水是需要缴纳水费的,用水不当,过度浪费,也会给自己的经济造成很大损失。

小斌,吸取这次教训,下次出去玩时,记得检查好水龙头哦。

悠悠,水资源很宝贵,且用且珍惜哦!

做任务

水都有哪些用途呢？如何做到节约用水？

任务1 锻炼孩子的观察力，让孩子想想水都有什么用途呢？孩子会说一些简单常见的，如可以喝、洗脸、洗手、洗澡、做饭、游泳等。家长进行补充，如水可以发电、水上运输、灌溉农田等。

任务2 如何做到节约用水？告诉孩子要从点滴做起，如：①洗脸、刷牙、洗碗用水尽量调到中小水流，用完水要及时关掉水龙头。②一水多用：洗脸水用后可以洗脚，然后可以冲厕所，也可以使用洗涤水、洗衣水冲刷厕所等。③发现马桶漏水要及时解决。④不建议玩水枪、打水仗。

任务3 每年的3月22日被定为世界节水日。随着经济的发展和人口的增多，水资源短缺现象越来越严重，呼吁家长和孩子一起来做节水宣传员，为社会做一份贡献。

Danger

吃药可不是小事

小米感觉头疼恶心,浑身不舒服,可是爸爸、妈妈都没在家,于是他找出小药箱,打算自己找点药吃,可是种类这么多,小米不知道该吃哪种药。小米这时该怎么办呢?

1 小伙伴感冒了,子轩拿药给小朋友吃。

2 小卫肚子疼,不知道该怎么办。

3 莹莹身体不舒服,赶紧打电话告诉妈妈。

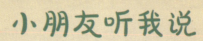

Warning

小朋友听我说

吃药是严肃的问题,要懂得如何正确服药。当父母不在家,自己身体突然不舒服时,该怎么办呢?

❶ 如何正确服药?要知道药是用来治病的,对于不同的疾病要对症下药,并严格按照医嘱或药品说明书的用量、次数、服用时间进行服用,这样才能达到良好的治愈效果。

❷ 身体不舒服,应该怎么办?①不要乱吃药,吃错了药,不仅不能治好病,还会引发药物中毒。②身体不舒服,恰巧父母又不在家,一定要主动打电话咨询家长应该吃什么药。③如果一时联系不上父母,一定要请邻居帮忙拨打120求助于医院,以免病情严重。

小米,以上的方法你记住了吗?下次不要自己找药吃了。

子轩乐于助人,但药是不能随便吃的,还是领着小伙伴去看医生吧。

做任务

简单给孩子普及几种常见病的知识常识,并采取一些措施来预防孩子乱吃或吃错药。

任务1 介绍几种常见病的症状、应对方法和常用药物,如感冒、腹泻、中暑等。但一定要明确告诉孩子,不能自己找药吃,身体不舒服时一定要第一时间告知父母。

任务2 采取哪些方法预防孩子乱吃、吃错药呢?①家中药品妥善保管,放在隐蔽处。②讲明乱吃药的严重后果。③用药时,要有家长监督。④如果孩子生病且年纪小,不在父母身边,要将药物的用法、用量告诉孩子、老师或孩子身边的大人。

任务3 启发孩子想一想,除了药,还有哪些东西不能随便乱吃。例如:散落在地上的食物、有刺激性味道的液体、腐烂的蔬果等等,这些东西吃了,会出现恶心呕吐、腹痛腹泻,严重的还会中毒,危害生命。

Danger

手被开水烫了

田田口渴,想倒水喝。他左手拿着玻璃杯,右手拿起暖壶,可是一不小心水倒多了,不仅溢出了杯子,还烫到了自己的手。你知道倒开水时有哪些注意事项吗?

1 木子够不到桌子上的暖瓶,找来爸爸帮忙拿。

2 嘉铭把杯子放在桌子上,倒了半杯开水。

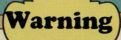

Warning

小朋友听我说

刚烧好的开水很烫,倒开水时一定要注意安全。想一想,倒开水时都应该注意哪些问题呢?

❶ 开水是煮沸后的水,不仅解渴,还能促进新陈代谢,调节体温,增进机体免疫力,提高人体抗病能力。

❷ 孩子在倒开水时应该注意哪些问题呢?①倒开水时,暖水瓶太重,不要自己去拿,一定要请家长或老师帮忙。②倒水的时候要把杯子固定好,不要用手拿,以免倒水时不小心烫伤自己。③向杯子里倒水不要倒得过满,以免端水时溅出来烫伤自己。④使用玻璃杯,请事先将玻璃杯用温水预热,以免开水过烫炸裂玻璃杯。

田田,开水很烫,下次倒开水一定要注意安全。

木子和嘉铭做得都非常好,👍继续努力!

做任务

提倡孩子喝温开水,说一说温开水有哪些益处。喝水有很多学问,和孩子分享一下吧!

任务1 引导孩子想一想,生活中人们都喝哪些水?如白开水、茶水、蜂蜜水、饮料、果汁等。哪些水喝了不利于健康呢?和孩子一起探讨一下吧!

任务2 鼓励孩子喝温开水,温开水益处多:①晨起一杯温开水,促进血液循环。②可以消除疲劳、焕发精神,还有助于预防感冒、咽喉炎、脑出血及某些皮肤病等。③温开水还能用来漱口、刷牙,清洁口腔卫生。

任务3 喝水的学问:①自来水不要喝。②久置的开水、瓶装水、桶装水、矿泉水不要喝。③晨起喝一杯白开水。④饮料不能替代水,里边的色素、香精、防腐剂等成分有害身体健康,儿童尽量不喝。

Danger

碎玻璃的隐患

小刚清洗杯子时,手一滑,不小心把水杯掉在地上摔碎了,望着一地的碎玻璃,小刚该怎样处理呢?

1 美美拿扫把清扫碎玻璃。

2 然然拿着碎玻璃片玩。

Warning

小朋友听我说

碎玻璃不是玩具,它存在危险性,那么发现了碎玻璃,应该怎样处理才安全呢?

① 玻璃制品是以玻璃为主要原料加工而成的生活用品、工业用品的统称。我们生活中常见的有:玻璃杯、玻璃碗、玻璃门窗、玻璃工艺品等,它们都有一个共同的特点——易碎。

② 玻璃碎了,应该怎样处理呢?①不要看到碎玻璃晶莹剔透很漂亮就用手拿着玩儿,一不小心会刺伤手指。②不要将碎玻璃放在口袋里,以免刮坏衣服或刺伤自己。③不要将碎玻璃朝伙伴的脸或身上扔,尤其是男孩子更不要拿碎玻璃当"武器"互相打闹,避免扎伤自己或他人。④玻璃打碎后,应该拿笤帚清扫干净,把碎玻璃倒入垃圾桶。

小刚,通过上面的介绍,这回你知道怎样处理这些碎玻璃了吧。

碎玻璃很锋利,然然不要拿着玩!

做任务

做个简单的实验让孩子知道碎玻璃的危险性。如何将碎玻璃碴清扫干净呢？

任务1 实验很简单，取一块玻璃，再拿来一张纸，玻璃可以轻而易举地将纸划破，也就能够划伤孩子细嫩的皮肤。碎玻璃很危险，以此告诫孩子不要触碰碎玻璃。

任务2 如何清扫碎玻璃碴呢？大块碎玻璃用扫把清扫后，还会剩余一些又细又小的玻璃碴，可以用吸尘器处理；没有吸尘器时，可以用小面团在地上滚，或是用胶带粘，这样玻璃碎屑就会粘在上面了；也可用手电反复照射寻找，因为碎玻璃会反光，很容易被发现。

任务3 让孩子动脑想一想，生活中还有哪些易碎的物品呢？如瓷器、陶瓷等，接触这类物品时应该注意哪些问题呢？

Danger

户外锻炼要注意

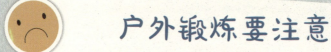

小泽的爸爸是体育老师,在爸爸的影响下,小泽对体育锻炼很感兴趣。爸爸也教给小泽很多关于户外锻炼的知识。原来不正确的锻炼方式,不但达不到强身健体的目的,还潜伏着一定的危险呢。

1 洋洋做完运动马上大口喝水。

2 波波跑步之前伸伸胳膊、踢踢腿,做好准备活动。

Warning

小朋友听我说

适当的户外锻炼有什么益处呢?户外锻炼时有哪些需要注意的事项呢?

❶ 适当的体育锻炼可以增强体质、提高免疫力,还可以愉悦身心,舒缓疲劳,减轻生活学习的压力,更能起到增进亲子感情,增进友谊的作用。

❷ 户外锻炼有哪些注意事项呢?①户外运动应注意适量和适度,应该根据自身的情况量力而行,运动强度过大反而会对身体健康造成危害。②参加任何一项体育锻炼前,必须先做准备工作,以防止肌肉、韧带损伤。③运动后不要立刻冲凉,也不要在饭前或饭后做剧烈运动。④运动后会感到口渴,但不要立即补充大量的水,可以多次少饮,适当补充盐分。

知道了户外锻炼的注意事项,小泽就能更好地锻炼身体了。

洋洋,剧烈运动后,可以少量多次补水,并在水中放些盐。

做任务

玩耍和运动是开发智力最有效的途径之一,家长应怎样帮助孩子选择适合的户外运动呢?

任务1 问一问孩子都知道哪些户外活动?最喜欢什么运动?这里我们要强调的是:家长和孩子一起玩的户外运动一定要以趣味性为主,推荐几种实用性强的户外运动,如放风筝、垂钓、荡秋千、踢足球等。

任务2 处于生长发育旺盛时期的儿童,身体内的器官、组织尚未发育成熟,有些运动不适合他们去做,如铅球、倒立、掰手腕、长跑等。专家建议8岁以下儿童不宜玩碰碰车,10岁以下儿童不宜玩滑板。

任务3 引导孩子科学锻炼身体:①循序渐进:运动量由小到大,运动强度逐渐加强。②全面发展:项目多样化,均衡发展。③持之以恒:由此磨炼孩子的意志和耐力。

不要玩打火机

周末,爸爸、妈妈不在家,小布自己在家玩,忽然他发现桌子上有一个打火机,他觉得很好奇,便摆弄了起来。小布这样做安全吗?

1 毛毛把打火机放在炉子上烤。

2 小巍把打火机使劲地扔在了地上。

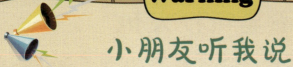

Warning

小朋友听我说

打火机在生活中作用很大，但它是个很危险的东西，使用打火机应注意哪些方面呢？

❶ 打火机是小型取火装置。主要用于吸烟点火、炊事生火、照明等。打火机易燃易爆，使用时一定要小心谨慎。

❷ 使用打火机要注意哪些方面呢？<u>①不要将打火机放在暖气片、炉子等高温物体上，也不要放在阳光下暴晒，以防打火机升温后自燃或爆炸。②防止打火机摔落地面，这样极易引起爆炸。③不要频繁手压气阀，这样会使打火机里的乙烷气体释放出来，一旦被人体吸收，就会引起中毒。④不要将废弃的打火机扔在火中，也不要将它与其他易燃物品放在一起。</u>

小布，打火机可不是玩具，安全起见，还是把它交给爸爸吧。

毛毛和小魏，你们的做法都很危险，会引发爆炸，引起火灾。

做任务

说一说"火"的用途及危险性。打火机和火柴有什么区别呢?

任务1 让孩子想想日常生活中,火有哪些用途?想必孩子的说法会很有趣,如点生日蜡烛、做饭、烤肉、烧水、火箭发射、赶跑野兽、篝火晚会……最后由家长进行补充和总结。

任务2 "火"的危险性:火使用不当就会引发火灾。火灾危害身体,威胁生命,对经济财产造成严重损失。家长要提醒孩子不要玩火。

任务3 家长找来火柴和打火机,可以点火演示一下,让孩子看看打火机和火柴有哪些区别呢?如打火机防潮防水,打火机点火比火柴快,打火机比火柴使用寿命长等。

Danger

爬树好危险

超超和父母去郊外玩,他发现了一棵苹果树,于是想爬上树去摘苹果,超超的行为安全吗?爬树会遇到哪些危险情况呢?

1. 小庭和小伙伴们一起在树下做游戏。

2. 小庭不顾伙伴们的劝阻,爬上了树。

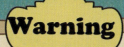

Warning

小朋友听我说

爬树是一种不文明的危险行为,你知道爬树都有哪些危害吗?快来学一学吧。

❶ 树木有哪些作用呢?简单地说,树木可以调节气候,净化空气,防风降噪和防止水土流失、山体滑坡等自然灾害。树是人类最好的朋友,我们应该保护它。

❷ 爬树有哪些危害?①爬树时,树枝很容易划伤你的皮肤,或者刮坏你的衣服。②树上会有很多昆虫,有的甚至是有毒的,一不小心会将你咬伤。③有些树枝很细,根本承受不住你身体的重量,树枝会突然折断,使你从树上摔下来。④不要爬树取挂在树上的东西,也不要掏鸟窝,有的鸟窝会出现蛇,小心被蛇咬。

超超,千万不要爬树,如果从树上摔下来,可能会有生命危险。

淘气的小庭,爬树很危险,快下来,小伙伴们等你玩游戏呢!

做任务

孩子都认识哪些树呢?为什么要提倡多种树?"植树节"是哪一天呢?

任务1 锻炼孩子细心观察事物的能力,看看他都认识哪些树。如杨树、柳树、松树、槐树、梧桐等。家长简单说一说它们的特点。

任务2 为什么提倡多种树?植树造林在维护生态平衡中起着重要作用,具有制造氧气、净化空气、涵养水源、保持水土、调节气候、防风固沙、消除噪声等功能;也会给人们的生活学习提供良好的生存环境,有益于人们身心健康。

任务3 植树造林人人有责,每年的3月12日是植树节。和孩子一起摘种一棵小树吧,见证孩子的成长,也为绿化事业做一份贡献。

两人三足 一起做游戏 Game

适合年龄 7~10岁

推荐指数 ★★★★

游戏人数 四人以上偶数组合,一名裁判员。

操作方法 两个人一组,并排站好,把中间两条腿(一人左脚,一人右脚)绑在一起,裁判下达开始命令后,大家一起冲向终点,哪组先到,哪组获胜。

操作方法

❶ 绑绳的位置不能高于膝盖以上,比赛途中绳开了,要原地绑好后,再进行比赛,时间计入比赛时间。

❷ 裁判员喊"预备,开始"时,队员们才能跑,注意不要抢跑。

游戏目的 鼓励孩子参加户外活动,在游戏中结交新朋友,增进亲子感情,增进友谊。

能力训练 锻炼孩子与他人的协作能力,培养孩子思考问题、处理问题的能力。

特别提示 游戏人数较多时,可以分组,进行接力赛;在分组时,可按年龄大小、高矮胖瘦分组,增加难度系数,玩起来会更有意思。

骑车撞到人

爸爸给大国买了一辆崭新的自行车,大国高兴极了,他越骑越好,越骑越快,差点撞到其他小朋友。骑车稍有不注意,也会发生危险,你知道骑车时应该注意哪些事项吗?

1 润润骑车时双手不扶车把。

2 申申和小鑫边骑车边打闹。

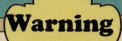

Warning

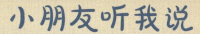

自行车可以说是孩子学会的第一种交通工具,这项运动有很多益处,但同时也存在很多安全隐患。

❶ 自行车又叫脚踏车或单车,是一种以脚踩踏板为动力,绿色环保的交通工具。选择自行车时,要根据自己的年龄、身高等选择适宜型号的自行车,这样易控制,减少危险。

❷ 骑车时应该注意哪些事项呢?①骑车时要选择宽敞、路面光滑、人少的室外场所,不要在人行横道、马路上骑车(不满12周岁不能骑车上路)。②骑车速度不要过快,眼睛要注视前方,集中精力,防止撞到别人。③骑车时不要双手不扶车把,不要多人并骑,不互相攀扶、追逐、打闹,不骑车带人,也不要在骑车时戴上耳机听音乐等。

大国为了自己和他人的安全,骑车速度不能过快。

骑车时打闹、双手不扶车把都是非常危险的行为。

做任务

家长要鼓励孩子骑车,骑车对孩子的成长发育有很多益处。

任务1 给孩子讲讲骑车的益处:骑车能够让孩子强身健体,提高神经系统的敏捷度,增强心肺功能,还能够增强孩子的平衡能力;此外,骑车有助于培养孩子勇敢自信的品格以及沟通协作能力。

任务2 鼓励孩子和小伙伴们来一场骑车友谊赛。到户外去呼吸新鲜的空气,享受天然的阳光浴!出发前请孩子想一想比赛前应该做好哪些准备呢?如自行车要提前检修,着装要适当等等。

任务3 有机会和孩子一起在电视机前或是亲临现场,观看一场自行车比赛吧!引导孩子热爱这项运动,学习选手们那种坚持不懈的运动精神。

Danger

不适合自己的书籍

放学回家,高兴正在站台等车,这时一位陌生的叔叔向高兴推荐恐怖小说,并告诉他说,小说情节新奇刺激,价格也很便宜,但被高兴立刻拒绝了。你赞成高兴的做法吗?

1 娇娇在看妈妈的美容杂志。

2 爸爸在看兵器杂志,小海也想看。

Warning

小朋友听我说

古语云"开卷有益",但并不是所有的书都适合孩子,哪类书适合孩子阅读?哪类书不适合呢?为什么要远离不适合自己的书呢?

❶ 适合孩子看的书:第一类,风趣幽默的书;第二类,富于想象力的书;第三类,引起孩子内心共鸣的书;第四类,让人内心温暖的书。

❷ 不适合孩子看的书:第一类,涉及暴力、言情、恐怖、迷信的书;第二类,消极悲观、有损人格尊严、民族大义的书;第三类,知识性、理论性太强的书。

❸ 为什么要远离不适合自己的书籍:①孩子年纪小,辨别是非能力差,不良读物会对孩子身心健康不利,为了防止孩子自己陷入道德误区,老师和家长应帮助孩子选择适合他们的书籍进行阅读。②坏人向自己推销不良书籍,要提高警惕,立刻回绝。

看恐怖小说会增加心理负担,不利于身心健康,所以高兴的做法是对的。

娇娇,杂志上的美容方法可不适合你,会伤害皮肤的。

做任务

多读书、读好书可以丰富孩子的头脑,家长如何引导孩子的读书兴趣,培养好的读书习惯呢?

任务1 在良好的阅读氛围内,陪孩子一起读书。和孩子一块读书是家长支持孩子读书的最简单、最直接的行为,从而让孩子明白读书是件很美好的事情。

任务2 家长鼓励孩子多去阅读,引导孩子叙述大致内容或发表自己的感想,并与孩子讨论书的内容,让亲子阅读变得更生动。

任务3 以孩子兴趣为出发点,对于读书,家长先不要太功利,"这本书开发智力,那本书提高成绩"这种想法要不得。要让孩子喜欢读书,家长一定要买孩子喜欢的书,只要这种书是健康的。要知道唯有兴趣才能把孩子引进知识的大门。

Danger

郊游大发现

放暑假,中中和小伙伴们一起参加学校组织的野外郊游活动。在玩耍中,中中发现了一个大石洞,就想进去瞧瞧。中中的做法对吗?郊游中应该注意哪些安全呢?

1 元元在郊外采野蘑菇吃。

2 郊游时,小伙伴阻止小树脱离队伍的行为。

Warning

小朋友听我说

在愉快的郊游过程中，存在哪些安全隐患呢？

① 郊游前要做的准备有：①定好出游地点，危险地域不要去。②定好出游时间，选择适宜的天气。③定好出游路线，带上相关地图。④穿运动鞋。⑤准备充足的水和食物。⑥带上常用药。

② 郊游时有哪些注意事项呢？①遵守纪律，不要擅自离开队伍，以免迷路或发生意外。②不要往森林深处走，不要闯入洞穴或是禁止进入的地方，以免迷路或受到猛兽袭击。③不要下水游泳，以免溺水。④不要采摘野果、蘑菇等，以防中毒。⑤篝火晚会或野炊完毕要彻底将火熄灭。⑥临走时，带好随身物品，看看伙伴们是否都到齐了，然后再出发。

中中，大石洞里可能会有毒蛇，不要贸然进洞，以免被蛇咬伤。

通过上述学习，请你判断一下元元和小树的行为正确吗？为什么？

做任务

请告诉孩子郊游时,做好安全防护的同时,文明礼貌也不能忽视。

任务1 如何做到文明旅游?①对人要有礼貌,谦逊忍让,遵守公共秩序。②爱惜公物,不乱扔垃圾,不在景区、古迹上乱刻乱涂。③不随意践踏花草。④"入乡随俗",进入少数民族聚居区旅游时,尊重他们的传统习俗和生活中的禁忌。

任务2 和孩子一起制订一个郊游计划,准备好出游的物品,以此锻炼孩子的统筹规划能力、动手能力和思考力。

任务3 郊游结束后,不妨让孩子写一个郊游心得,看看他发现了什么有趣的事情?遇到了什么突发事件?对这次的郊游感受如何?对下次出游有什么期待……

Danger

安全使用电冰箱

炎热的夏天,骁勇吃了根冰棒,顿时感觉很凉爽。他打算自己动手做冰棒。于是他拿了一瓶汽水放入了冰箱的冷冻室。骁勇的做法正确吗?

1 童童将喝完的饮料瓶随手放到了冰箱里。

2 小涛钻进废弃不用的冰箱里玩耍。

Warning

小朋友听我说

冰箱给人们的日常生活带来了很多方便,不过,冰箱的使用也有许多要注意的地方,都有哪些呢?

❶ 冰箱是我们常见的家用电器,是保持恒定低温的一种制冷设备。它的主要用途就是用来保鲜和冷藏食物。

❷ 怎样安全使用冰箱呢?①不要频繁开关冰箱,这样不仅耗电,还会一不小心夹伤手指。②不要把汽水瓶、酒瓶等错放到冷冻室,以防瓶身冻裂发生危险。③不能用湿手触摸冷冻室,以防冻伤,皮肤被粘住。④不要进入电冰箱内玩耍,即使是制冷系统失灵或废弃不用的电冰箱也不可以。⑤为保持冰箱清洁卫生,空饮料瓶、塑料袋等废弃物品不要放入冰箱,此外,久放的食物也要定期清理。

骁勇,你的想法不错,可是放入冷冻室的汽水瓶会冻裂,不仅吃不到冰棒,还会有危险。

小涛,废弃的旧冰箱,空间狭小,不卫生,可不是玩耍的好地方。

做任务

家长给孩子讲一讲如何健康使用冰箱？如何节约用电？冰箱还有哪些妙用？

任务1 健康使用冰箱：①蔬果洗净放入袋中存放于冰箱，食物分类，生熟分开存放。②定期清洗消毒。③化冻的鱼、肉不宜再次放置冰箱保存。④香蕉、西红柿、黄瓜、鲜荔枝、面包等不宜在冰箱内存放。

任务2 冰箱素有"电老虎"之称，如何节约用电呢？①放在通风通气，远离热源的地方。②切忌不要频繁开关冰箱门。③热的食物要凉至室温后再放入冰箱。④定期清洁、除霜等。

任务3 冰箱除了保鲜和冷藏食物外，还有哪些用途呢？想必孩子一定很感兴趣吧，家长不妨教他们几招，带着兴趣学知识。例如，口香糖粘到物品上不易拿下，放到冰箱里，冷冻1小时，就可以顺利取下。

Danger

公共汽车上的争吵

小柏和小松在乘公共汽车回家的路上发生了小争执,结果两人越吵越凶,动起手来。小柏和小松的行为既不文明也不安全。你知道在公共汽车上应该注意哪些问题吗?

1 浩然把手伸到窗外。

2 小俊和小伙伴争抢座位。

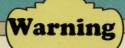

Warning

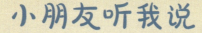

乘坐公共汽车时,应该注意哪些安全问题呢?

① 公共汽车:也就是公交车,是指在城市道路上循固定路线,有或者无固定班次时刻,承载旅客出行的机动车辆。在台湾、香港等地区也称它为"巴士"。

② 乘坐公共汽车应该注意哪些安全问题?①不要在车上跑跳、打闹,这样做容易摔倒或撞到他人,使自己和他人受伤。②有座位时,应双手扶住前面座位的椅背,没有座位时,不要站在车门边,要抓住扶手,以免刹车时摔倒。③不要将头、手伸出窗外,防止被车外的东西刮伤。④要保管好随身携带的物品,谨防小偷。

小柏和小松,要知道文明乘车,才能保证安全。

乘坐公交车时,不要将头和手伸出窗外;也不要和伙伴争抢座位,注意自身安全。

做任务

在与孩子乘坐公共汽车时，请告诉孩子如何做到文明乘车。

任务1 首先候车时，要排队上车，不要往车道上挤，遇到孕妇及老人要尽力扶助；雨天乘车，上车前应把雨伞折拢，雨衣脱下叠好，避免把别人的衣服弄湿；上车时，主动刷卡、投币，不堵在门口，主动向后移动。

任务2 在乘车途中，告诉孩子不要大声喧哗，以免影响司机；遇到老人、孕妇、残疾人应主动让座；刹车时如果不小心踩到别人，要向别人道歉；不在车内饮食，不乱扔垃圾。

任务3 快到站时，应提前向后车门移动；下车时，按次序下，不争抢，扶老携幼。

马蜂窝不能捅

Danger

大兴和小荣一起去户外玩，正当他们玩得开心的时候，大兴看到树上有一个马蜂窝，出于好奇，他拿起地上的石头就要朝马蜂窝砸去，被小荣看到了。想一想，这时的小荣该怎么办呢？

1 小贤拿小木棍捅马蜂窝。

2 小迪看到小贤捅马蜂窝，赶紧上前制止。

Warning

小朋友听我说

马蜂窝真的很危险，千万不要去碰。一旦遇到马蜂窝，应该怎样做呢？

❶ 马蜂，又称为"黄蜂"。体大身长，毒性大，在遇到攻击或不友善干扰时，会群起攻击，可以致人出现过敏反应和毒性反应，严重者可导致死亡。

❷ 遇到马蜂窝该怎么办？①遇到马蜂窝千万不要用树枝、木棍去捅或是用石头去砸，否则激怒马蜂后，它们会成群结队地攻击你。②如果不小心捅了马蜂窝，应该快离开，以免遭受群蜂攻击，如果来不及离开，也不要乱跑，应立即抱头蹲下，用书包或衣服将身体裸露的部分遮挡住。③一旦被马蜂蜇伤，出现红肿、水泡，应尽快去医院，请医生帮忙处理。

马蜂很危险，小荣快阻止大兴，否则后果很严重。

小迪做得漂亮，他使小贤免遭了马蜂的袭击。

做任务

提到马蜂时,孩子们一定会想到常见的蜜蜂,讲一讲,二者的主要区别和急救方法。

任务1 蜜蜂和马蜂的区别:①蜜蜂食花蜜,马蜂可以捕食毛毛虫、小青虫等。②马蜂蜂巢为纸质巢,而蜜蜂为蜡质巢。③马蜂蜇完人还能活着,而蜜蜂的螫针上有倒钩,螫针与内脏相连,蜇完人后内脏会随螫针一同被拔出,它就会死掉。

任务2 被马蜂蜇后的急救方法:被有毒的雌马蜂蜇伤后,要用食醋涂抹伤口,因为马蜂毒呈弱碱性,酸碱中和,使毒性减弱。此外,还可用风油精、清凉油等消除蜂毒,但不可以用红药水或碘酒擦拭,以免加重病情。

任务3 被蜜蜂蜇后的急救方法:被蜜蜂蜇后,不要用手拔刺,最好用镊子将刺拔出来,然后用湿毛巾敷在伤口上减轻疼痛;因为蜜蜂毒呈酸性,也可用肥皂水等涂抹。

Danger

氢气球会爆炸

氢气球有各种颜色和形状的,还能飘在空中,孩子们一定都很喜欢吧!但是你们知道吗?这美丽的氢气球如果使用不当会爆炸的。那么玩氢气球要注意哪些事项呢?

1 诺诺在燃气灶旁玩氢气球。

2 潇潇手里拿着氢气球,看见有人用打火机,赶紧离开。

Warning

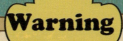

小朋友听我说

氢气球具有一定的危险性,孩子们在玩时要注意哪些问题呢?

❶ 氢气球是轻质袋状或囊状物体充满氢气,靠氢气(一种易燃气体)的浮力可以向上漂浮的物体就叫氢气球。较小的氢气球,当前多用于儿童玩具;较大的氢气球用于飘浮广告条幅,也叫空飘氢气球。

❷ 玩氢气球时的注意事项:①氢气球不能靠近火源或热源,如旁边有人吸烟、摆弄打火机或在燃气灶旁等时,会引起氢气球爆炸,炸伤自己或他人,严重的还会引发火灾。②不要在人多的公共场所或尖利物品处玩氢气球。③不要将氢气球放置靠近脸部或暴露的皮肤处,以免爆炸,炸伤皮肤。

美丽的氢气球原来"脾气"这么暴躁,玩时一定要小心啊!

诺诺,厨房空间小,不适宜玩耍,且燃气灶危险大,易使氢气球爆炸。

做任务

帮助孩子了解气球和氢气球的特点,丰富孩子的科学常识,提高自我保护意识。

任务1 告诉孩子气球里面装的是普通的空气,氢气球里面装的是一种易燃的气体——氢气。

任务2 拿出气球和氢气球同时放飞,引导孩子发现两者的区别:气球不会自己飞,可以轻轻拍,能弹跳;而氢气球会自己向上飘,需要用手牵住,不然会飞到天上去。

任务3 玩氢气球时,最好领孩子去宽敞人少的地方,年龄小的孩子必须在家长的监护下玩;此外,在大型比赛和演出等活动时也有氢气球,家长们也要引起注意。

看谁翻得快

适合年龄 8~10 岁

推荐指数 ★★★★★

游戏人数 两人或两人以上（其中一人做裁判）

操作方法 参赛者按照裁判要求翻书找答案，看谁翻得快，答得对。一轮结束，两人互换身份进行下一轮比赛。

❶ 裁判把书发给参赛者，要求翻到第 10 页，并让参赛者朗诵此页内容。

❷ 然后裁判要求参赛者找出第 10 页第 6 行第 4 个字。

❸ 回答正确后，让参赛者说出这个字的笔画，并组词、造句。

❹ 裁判记下时间，第一轮比赛结束。互换身份，用同样的方法进行下一轮比赛。

❺ 时间用得最少，且回答正确者，将此书奖励给他。

游戏目的 通过游戏让孩子对图书产生兴趣，继而对阅读产生兴趣。

能力训练 让孩子动脑动手，并增加孩子对语言的组织能力和表达能力。

特别提示 游戏可采取多人分组比赛，同时增加难度，趣味性知识性最强；比赛所选用的图书，最好是新书，孩子没有读过，同时，内容和难易程度要适合他们阅读。

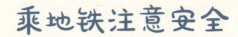

乘地铁注意安全

朗朗和小康一起乘地铁,小康靠在地铁安全门上,朗朗看见了,告诉小康不要倚在门上,并让他紧紧抓好扶手。朗朗做得对吗?乘坐地铁还有哪些需要注意的吗?

1 小信乘地铁不排队,使劲往里挤。

2 小福在地铁要关门时强行往里冲。

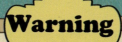

Warning

小朋友听我说

地铁是日常生活中非常快捷的交通工具,那么乘坐地铁出行应该注意哪些事项呢?

❶ 地下铁:大城市中主要在地下修建隧道,铺设轨道,以电动列车运送乘客的公共交通体系,简称地铁。

❷ 乘坐地铁的注意事项:①等候地铁时要站在黄线外面,并且要排队,千万不要插队或者拥挤。②上地铁时,如果地铁门马上要关闭了,千万不要强行往地铁里面冲,那样会被地铁门夹到。③如果没有座位,一定要抓紧扶手,以免在地铁运行中摔倒,并且不要倚在地铁门上,否则地铁到站停下开门时,很容易摔倒。

朗朗的做法很正确。传播安全知识,助人为乐,值得表扬。

小信和小福,要文明乘车,推挤和强行进入都是不文明且危险的行为。

做任务

跟孩子讲讲和地铁有关的小知识。除了地铁,让孩子说说还认识哪些交通出行工具。

任务1 和孩子一起乘坐地铁,乘坐过程中,让孩子自己说说乘坐地铁的注意事项,以加深印象,家长进行补充。

任务2 跟孩子讲讲和地铁有关的小知识。如世界上第一条地铁于1863年诞生在英国首都伦敦;中国于1965年开始修建北京地下铁道等。

任务3 让孩子说说自己都知道哪些交通工具,喜欢哪种出行方式?为什么?家长也参与讨论。如家长说喜欢骑车,骑车锻炼身体又环保,孩子说喜欢飞机,飞机速度比骑车快等等。

马路上危险多

Danger

星期天,小鱼和小卓相约去踢球,两人玩得可开心了。回家的路上还边走边玩球,结果迎面驶来一辆车,差点撞到他们,好在司机师傅刹车及时。马路上危险多,应该注意哪些安全问题呢?

1. 畅畅和达达在路上你追我赶。

2. 小强过马路时不走过街天桥,直接横穿马路。

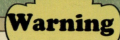

小朋友听我说

马路上车辆、行人多,一定要注意安全,下面讲的注意事项,我们大家一定要记牢哦。

❶ 马路是指供人或车马出行的宽阔平整的道路、公路。主要目的是方便人类从事诸多的生产活动。

❷ 马路上应注意哪些安全问题?①马路上人流多,车辆多,要靠边走,不要多人并排走,不要边走边打闹,滑旱冰、做游戏等,这样会给司机或其他行人造成不便,易发生摔倒或车祸,给自己和他人造成伤害。②过马路时,要走斑马线或过街天桥,不要横穿马路或翻越栅栏。③严格遵守交通规则,绿灯亮了再过马路,否则很可能被行驶的车辆撞倒。④雨天出行要特别注意前后车辆。

小鱼和小卓,马路上玩耍会让自己处于危险中,甚至失去生命的。

畅畅、达达和小强,你们的行为很危险,要增强自己的安全意识哦!

做任务

马路为什么叫"马路"?什么是"中国式过马路"?

任务1 马路的由来:苏格兰人约翰·马卡丹采用碎石铺路,路中偏高,便于排水,路面平坦宽阔。这种路便取名叫"马卡丹路"。后来这种修建方法传到中国,中国人便以英语"macadam"马卡丹的音译作为路的简称,俗称"马路"。

任务2 "中国式过马路"是网友对部分中国人集体闯红灯现象的一种调侃,即凑够一撮人就可以走了,和红绿灯无关。就这个话题和孩子讨论一下,看看他有什么样的想法。

任务3 告诉孩子做一个遵守交通秩序的好公民,鼓励他从自身做起,从点滴做起,这样不仅能够保证自身安全,还能带动其他人。大家一起守秩序、讲文明,创建和谐社会。

Danger

玩轮滑的注意事项

州州的爸爸给他买了一双崭新的轮滑鞋,州州刚穿上就迫不及待地跑下楼,在大街上滑了起来,结果由于速度快,自己摔了一跤,还差点撞到行人。玩轮滑很有趣,但也存在很多安全问题。

1 小淘在马路上玩轮滑。

2 小谦在坑洼的小路上玩轮滑。

Warning

小朋友听我说

轮滑非常好玩,很多小伙伴都会喜欢,但是要知道玩轮滑一定要选择好场地,否则很容易发生危险的。

❶ 首先小孩子玩轮滑一定要有家长或伙伴陪同,并带好护具,尤其是初学者,要记得戴上头盔、护腕、护肘、护膝等。

❷ 玩轮滑要注意场合:①不要在马路上玩轮滑,因为车来车往,如果车辆行驶速度快,躲闪不及就会被撞倒,严重时还会危及生命。②不要在广场、公园、幼儿园等人多的地方玩轮滑,那样容易撞到行人,使行人或自己受伤。③更不要在坑洼不平的小路、斜坡或草坪上玩轮滑,容易失去平衡,跌倒受伤。④建议孩子去宽敞明亮、安全性能好的场所玩轮滑。

州州,大街上人多,车辆也多,易发生危险,不适合玩轮滑。

小淘和小谦,通过今天的学习,重新选择一个安全场所玩轮滑吧!

做任务

玩轮滑有哪些益处？初学时，家长如何帮助孩子克服畏惧心理呢？玩耍前还应注意哪些事项呢？

任务1 讲讲轮滑的主要优点：轮滑是一种经济环保、健身娱乐、安全方便的时尚健康运动。家长可以鼓励孩子玩轮滑，以此锻炼身体，缓解学习压力，愉悦心情。

任务2 初学时，孩子担心摔跤，有畏惧感怎么办？①戴好护具，减轻孩子的心理畏惧。②请一位专业教练，告诉孩子认真学习，就会掌握轮滑的方法和技巧。③多加鼓励，进步时要给予肯定，畏惧感就会随之消失。

任务3 练习轮滑前要注意哪些安全问题呢？①运动前做好准备活动。②检查好轮滑鞋。③选择适合的场地进行练习。④不要模仿危险动作或妨碍他人的动作。⑤出现心脏不适或过度疲劳等情况不要参加此项运动。

Danger

游戏厅危险多

元华家附近有一家新开的游戏厅,一天元华从游戏厅路过,看见里边有好多人,很热闹,元华特别好奇,很想进去看看。如果是你,你该怎么做呢?

1 森森背着书包去游戏厅玩游戏。

2 小昂劝阻同学不要去游戏厅玩。

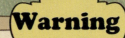

Warning

小朋友听我说

游戏厅有很多新奇好玩的游戏,但为什么说游戏厅危险多,不适合孩子去呢?还有哪些娱乐场所不适合孩子去?

❶ 不适合孩子的娱乐场所:如美容院、酒吧、迪厅、赌场、歌厅等场所。孩子心智不成熟,难以理解成人的行为,在好奇心的驱使下,容易模仿,从而造成严重的负面影响。

❷ 为什么说游戏厅危险多,不适合孩子去?①游戏厅环境复杂,有可能会遇到一些别有用心的不良分子,从而使孩子上当受骗,威胁他们的生命及家庭。②沉溺于游戏厅,会影响孩子的身体健康和学习成绩。③虽说有些游戏可以开发智力,但有些游戏却充斥着暴力与血腥,孩子年纪小,不宜的游戏会对其心理成长产生不良的影响。

元华和森森,游戏厅隐患多,不要进去,以免让家人担心。

小昂,跟小伙伴讲一讲游戏厅的危险性,让他赶快离开那里吧!

做任务

如今有很多孩子沉迷于网络游戏,这对孩子有哪些影响?如何把孩子从游戏中拉出来?

任务1 长期沉迷于网络游戏,会让孩子产生精神依赖,造成植物性功能紊乱,如头痛、恶心、失眠、视力模糊、记忆力减退等,从而影响孩子的身体健康,使学习成绩退步。

任务2 如果孩子已沉迷在网络游戏中,请不要强制性把孩子从网络中拉出来,可以找个替代品,慢慢转移注意力,如邀请他一起做运动,参观博物馆、展览馆等,可以和他一起旅游……逐渐分散他对网络游戏的注意力。

任务3 多与孩子沟通交流,了解孩子所思所想,能够更好地帮助孩子摒弃坏习惯,从而增进感情,成为他值得信赖的朋友。

Danger

游泳馆里的安全

暑假,爸爸准备带着小树去游泳馆游泳,小树高兴极了。到了游泳馆,小树匆忙就要下水,爸爸拦住了他,并告诉小树下水前要做准备活动。你知道这是为什么吗?游泳时还有哪些需要注意的问题呢?

1 小武请教练教自己游泳。

2 小光和小豪在游泳池里打闹。

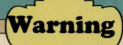

小朋友听我说

游泳可以强身健体,是一项非常有益的运动。但是你知道游泳需要注意什么吗?

❶ 选择游泳场所:不要去水域情况不明、没有保护设施的江河湖泊游泳;要去卫生条件好、救助设施完善的游泳馆游泳,因为如果发生危险,那里有专业的救助人员能够及时抢救。

❷ 游泳需要注意什么?①游泳前应伸伸胳膊、伸伸腿,做些准备活动,可用少量冷水擦洗全身,使身体尽快适应水温,避免进水后发生头晕、抽筋现象。②游泳时,要有大人陪伴,不要和伙伴在水里打闹,以免呛水。③有人溺水时,不要自己下水营救,要求助周围的大人。④过饱、饥饿、疲劳、激烈运动后都不适宜游泳。⑤患中耳炎、皮肤病的人不宜游泳。

小树,下水前伸展四肢,做好准备工作,才能健康畅快地游。

游泳教练可以帮助小武更快更扎实地学会游泳。

做任务

考考孩子,游泳时需要带哪些游泳装备呢?有哪些益处?给孩子普及一些游泳常识。

任务1 和孩子一起去商场购买游泳时所需的物品。家长先让孩子选,看看哪些是他认为的必需品。如游泳镜、泳帽、泳衣、救生圈等,并告诉孩子它们的用途。

任务2 与孩子在平时的聊天或观看游泳比赛时,可以告诉孩子一些简单的游泳知识。如奥林匹克运动会中看到的游泳属于竞技游泳,它包括蝶泳、仰泳、蛙泳、自由泳以及花样游泳等。

任务3 游泳对孩子有哪些好处呢?①增强抵抗力,夏天防暑,冬天抗寒。②塑造形体,有利于儿童长高,使瘦弱的儿童变强壮,并帮助肥胖的儿童减肥。③促进血液循环。④锻炼手脚的协调性、力量及柔韧性。

远离建筑工地

建筑工地虽然看起来很热闹,但却有很多危险。看下图,找一找工地上都隐藏着哪些危险因素?并说一说怎么做才能避免危险?

Warning

小朋友听我说

也许你会被建筑工地轰轰的响声所吸引,会好奇围墙里在做什么?为什么不能去那里玩?下面就来说一说,建筑工地存在的安全隐患。

① 建筑工地是进行土木工程的地点,其周围会被围板、铁丝网或者围墙所封闭,门口有管理员把守,车辆、人员出入时需要登记身份,并穿戴工作服及安全帽等。

② 建筑工地有哪些危险?①不要在建筑工地上玩耍,因为建筑物尚未建好,随时都有可能掉下东西,小心被砸到。②如果一定要从建筑工地通过,要注意工地运货的来往车辆,避免发生意外。③不要围在吊车旁边看热闹,以防吊车上的物品突然散落被砸伤。④此外要小心被电焊光灼伤眼睛。⑤不要被石块、木板刮伤或绊倒。⑥小心被铁钉、铁丝扎伤等。

总之,建筑工地不安全,孩子们要远离。

工地上的危险因素有哪些呢?你找到了几处?

做任务

家长帮助孩子加深对建筑工地的认识。

任务1 在城市中建筑工地很常见,家长不妨指给孩子看,增加他的感性认识,可以让孩子多留意一些建筑工地上的安全标语,进一步强调安全的重要性。

任务2 教孩子认识建筑工地上的机械:准备一些图片,说出机械名称,并给孩子介绍它的主要用途。如塔吊又名"塔式起重机",用来吊施工用的钢筋、木楞、混凝土、钢管等施工的原材料。

任务3 高楼大厦真漂亮!鼓励孩子拿出彩色的笔,在纸上绘出他心中理想的房子,从而发挥孩子的想象力,锻炼孩子的动手能力。

废弃工厂危险多

Danger

周末,高飞和伙伴们约好要去附近一家废弃的工厂玩捉迷藏。但是这家废弃的厂房光线昏暗,墙壁出现了大裂缝,墙体歪歪斜斜的。大家想一想,这样的地方安全吗?那么他们应该去哪玩捉迷藏呢?

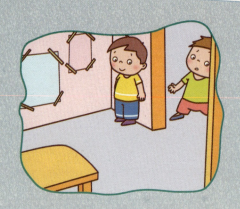

1 波波和同伴在自家的院子里玩捉迷藏。

2 大民和同伴在教学楼里玩捉迷藏。

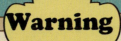

小朋友听我说

想一想,玩捉迷藏游戏需要注意哪些安全问题?废弃的工厂适合玩捉迷藏游戏吗?那里存在哪些安全隐患?

❶ 捉迷藏又叫"躲猫猫"。规则是孩子闭上双眼,"1、2、3……"数着数字,然后张开眼睛寻找自己的伙伴。玩游戏时不要躲在高处,狭窄的缝隙,黑暗潮湿的角落,较粗的管道,脏乱废弃的场所等危险的地方,要在宽敞明亮、干净卫生的地方玩。

❷ 废弃工厂存在哪些安全隐患?①废弃的厂房年久失修,很可能出现坍塌,因此尽量不要去废弃的工厂玩。②工厂常年闲置,杂草丛生,很可能一不留神掉到被荒草掩盖的井中,发生危险。③废弃工厂灰尘多,细菌多,也会存在一些有毒有害的气体,或是易燃易爆物品,对身体健康,甚至是生命安全造成严重的危害。

废弃的工厂危险多,所以高飞一定不要去废弃的工厂玩捉迷藏。

自己家的小院子宽敞干净,很适合玩游戏呢!

做任务

给孩子讲讲什么是"烂尾楼"?"烂尾楼"和废弃工厂对社会产生哪些不良影响?

任务1 所谓"烂尾楼"是指已办理用地、规划手续,项目开工后,因资金不到位、债务纠纷、政策变化等停工一年以上的房地产项目。一般的"烂尾楼"不具重新开工的可能,但也有可能会变废为宝。

任务2 废弃工厂和"烂尾楼"都是闲置不用、无人管理的。它们破坏城市形象,浪费土地资源,破坏投资者信心,给居民生活也带来了很多不便。

任务3 和孩子一起做手工,将日常生活中一些废旧闲置的物品,变废为宝。如:饮料瓶变花瓶、笔筒;旧衣服剪下来做杯垫等。既锻炼孩子动脑动手能力,又为环保事业做了一份贡献。

能言善辩

适合年龄 8~12岁

推荐指数 ★★★★

游戏人数 爸爸和孩子参加游戏比赛,妈妈当评委。

操作方法 方法很简单,选好主题。针对主题,家长和孩子各执一词。例如:

❶ 家长说:"打游戏可以开发智力。"家长说出打游戏好的一面。

❷ 孩子说:"打游戏影响学习。"孩子说出打游戏的坏处。

❸ 家长说:"打游戏提高反应能力。"

❹ 孩子说:"打游戏影响视力。"

❺ 以此类推,最后由妈妈做总结性发言,引导孩子正确处理好游戏与学习的关系。

游戏目的 通过游戏让孩子学会一分为二地看问题,更全面更真实地分析问题。告诉孩子很多事情都有两面性,发挥优点,克服缺点。

能力训练 训练孩子的辩证思维,让孩子看问题更加全面,同时也锻炼了孩子的语言表达能力。

特别提示 针对孩子近期表现、突发的问题或是孩子感兴趣的话题作为游戏内容,进而通过游戏的方式帮助孩子更好地解决问题。

信号灯的含义

红绿灯保证了人们出行的交通安全,你知道它的含义吗?你还认识哪些交通标志呢?大家一起来学习吧。

Danger

禁止鸣喇叭

会车让行

机动车车道

注意儿童

注意危险

注意信号灯

步行

人行横道

停车场

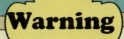

Warning

小朋友听我说

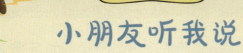

为什么交通信号灯要用红绿灯做指示灯呢?信号灯有什么含义呢?

❶ 采用红黄绿三种颜色是根据光学原理,红色光波很长,穿透空气的能力强,比其他信号更引人注意,所以作为禁止通行的信号;黄色光的波长较长,穿透空气的能力较强,所以作为警告的信号;绿灯作为通告信号,因为它与红色的区别最大,易于分辨,其显示距离也较远。

❷ 信号灯的含义:①绿灯亮时,准许车辆、行人通行。②红灯亮时,不准车辆、行人通行。黄灯亮时,不准车辆、行人通过,但已经超过停止线的车辆和已经进入人行横道的行人,可以继续通行,黄灯闪烁时,车辆和行人必须在确保安全的原则下通行。

"红灯停,绿灯行"是人尽皆知的交通规则,每一个公民都要自觉遵守。

图中所示的交通标志,你都答对了吗?

做任务

让孩子从小就养成良好的交通行为习惯,培养孩子的安全意识。

任务1 在日常生活中,有很多不遵守交通规则的危险行为,让孩子找出来,说说原因。如穿越护栏,不走人行横道,易摔倒;列队一起过马路,影响车辆和其他行人通行等。

任务2 给孩子讲一些因为不遵守交通规则而发生危险的交通事故,让孩子进一步增强交通安全意识。

任务3 做一些交通标志的卡片,全家人在一起学习,组织一场交通标志知识竞猜。

Danger

高压设备莫靠近

皮皮在小区楼下玩耍时,看到了一个高压房,妈妈曾经告诉过他不让他靠近这个小房子,可是皮皮很好奇:为什么不能靠近呢?这些高压设备究竟有多大的危险性呢?

1 宁宁跳进高压设备保护栅栏里去玩耍。

2 建新爬上了电线杆。

Warning

小朋友听我说

我们常常会看到一些像闪电的标记,上面用醒目的字写着"高压危险"。那么所谓"高压危险"究竟是什么?易引发什么危险后果呢?

① 高压危险指的就是"触电危险"。要知道在电阻一定的情况下,电压越高,电流越大,触电的危险性越高。当电压高到一定程度时,连空气间隙小的地方都会产生很大的电流,人体就会遭到严重的电击,所以高压设备不允许人靠近。

② 看到高压设备,哪些行为是危险的?①孩子不要出于好奇和贪玩就跳过栅栏,接近"高压房"。②孩子也不要攀着供工人叔叔工作的梯子爬上电线杆。③不要朝高压设备投掷砖头。④不要用树枝、铁丝、衣架等触碰高压设备。以上行为,都有触电危险,甚至失去生命。

皮皮,听妈妈的话,远离危险的高压设备。

宁宁和建新的行为非常危险,珍爱生命,不要靠近高压设备。

做任务

教孩子认识常见危险标识,为加深孩子印象,引起孩子注意,要反复强调,多加提醒。

任务1 巩固今天所学内容,请家长和孩子在所住小区或小区附近一起去寻找带有"高压危险"字样的标识,加深印象,让孩子牢记它的危险性,远离它。

任务2 教孩子识别常见的危险标识,如高压、易燃、易爆、剧毒等。危险标识由安全色、几何图形和图形符号构成,传达特定的危险信息。告诉孩子看到它们要远离,以避免可能发生的危险,防止事故的发生。

任务3 告诉孩子生命是宝贵的,也是脆弱的,生命只有一次,远离危险,珍爱自己的生命,珍爱自己的家人。

Danger

远离电焊

仔仔去工厂找爸爸,当他来到爸爸车间的时候,爸爸正拿着电焊焊接东西,亮亮的电火花,使仔仔觉得很好奇,想过去瞧一瞧。爸爸赶紧停下工作,把他带到一个安全的地方,并告诉他要远离电焊。这是为什么呢?

1 电焊工在工作,小爽在旁边好奇地看。

2 小炎看见电焊工在焊东西,急忙跑开了。

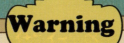

Warning

小朋友听我说

遇到电焊工人正在进行电焊操作时,应远离电焊,保证自身安全。那么为什么要远离电焊,电焊真的很可怕吗?

❶ 电焊是利用焊条通过电弧高温融化金属部件需要连接的地方而实现的一种焊接操作。从事这项操作的人员,称为焊工。焊工工作需要戴防护用品,如防护面罩、头盔、防护眼镜、安全帽、工作服、手套、防尘口罩、防毒面具等。

❷ 为什么要远离电焊?①焊接时产生的强光对人体伤害很大,所以不要用肉眼看电焊光,它对眼睛刺激大,轻者红肿流泪,重者可导致失明。②电焊操作时飞溅出来的火星如果掉到我们身上,会损伤我们的皮肤。③焊接时会产生大量有毒的烟尘、气体,对肺功能有很大危害。

仔仔要听爸爸的话,远离电焊,以后也尽量不要去车间找爸爸。

小爽快点远离电焊!平时多学一些安全常识,才能保护好自己哦。

做任务

让孩子了解电焊工的工作性质,教育孩子要尊重各行各业的劳动者。

任务1 电焊工是一个在机械制造和机械加工行业中的特殊金属焊接工种。这个工种对人体的伤害非常大,如灼伤眼睛、紫外线辐射、吸有毒气体等,易引起烧伤、烫伤、燃烧爆炸等事故。

任务2 焊接工作辛苦危险,但社会的进步和发展离不开各行各业的劳动者。告诉孩子劳动不分高低贵贱,让孩子知道今天所拥有的都是父母辛苦劳动得来的,体会父母的不易,懂得珍惜,尊重劳动者。

任务3 您的孩子知道国际劳动节是哪一天吗?给孩子讲一讲劳动模范的故事,让孩子谈谈自己的感受,问问孩子以后的理想是什么?想从事什么样的工作?

Danger

灭火器不是玩具

一天，小升和伙伴们玩起了消防员救火的游戏，他们把楼道里的灭火器拿到了外面，玩得不亦乐乎。要知道这种做法很危险，存在很多安全问题。

1 楼道里放灭火器装置的门开了，淳淳主动将门关上。

2 同伴们要打开灭火器的阀门，小井上前劝阻。

Warning

小朋友听我说

灭火器不是玩具,不能随便拿来玩,要知道灭火器使用不当会对我们的身体造成伤害。

❶ 灭火器是一种可携式灭火工具。灭火器内放置化学物品,用以扑灭火灾。它一般存放在公众场所或可能发生火灾的地方,是一种平时往往被人冷落,急需时大显身手的消防必备之物。要注意的是,不同种类的灭火器内装填的成分不一样,使用时必须注意以免产生反效果及引起危险。

❷ 灭火器为什么不能拿来玩?①灭火器很重,孩子力气小,拿它当玩具,可能会砸到脚。②如果不小心打开灭火器,喷出的气体或液体会造成孩子缺氧,严重可导致昏迷。③发生火灾时,灭火器起着非常重要的作用,如果孩子拿去玩,着火时找不到,火势迅速蔓延,后果会非常严重。

小升,灭火器不能随便玩,快把它放回到原来的地方吧!

淳淳和小井的做法都是正确的,提出表扬。

做任务

灭火器上的英文字母代表什么,如 MF2?世界上第一个灭火器是谁发明的呢?

任务1 灭火器型号应以汉语拼音大写字母和阿拉伯数字标于筒体,如"MF2"等。第一个字母 M 代表灭火器,第二个字母代表灭火剂类型(F 代表干粉灭火剂),后面的数字是灭火剂的质量。

任务2 世界上第一个灭火器诞生于 1834 年,英国人乔治·威廉·曼比发明了手提式压缩气体灭火器。这种灭火器是一个长两英尺,直径八英寸,容量为四加仑升的铜制圆筒,和今天的灭火器基本上相同。

任务3 让孩子想想"灭火器"是不是"灭火气"的谐音,寓意着消灭火气、平心静气的意思呢?让孩子懂得遇事冷静,发脾气解决不了问题,凡事多站在别人的角度考虑,学会宽容和气待人。

你认识这些标志吗？

 当心有毒
 当心爆炸
 当心落水
 当心夹手

 当心火灾
 当心电离辐射
 当心坠落
 当心火车

 禁止带火种
 禁止燃放烟花爆竹
 禁止触摸
 禁止垂钓

 熄火加油
 禁止用水灭火
 禁止入内
 禁止吸烟

 推开
 安全楼梯
 滑动开门
 避险处